Giuseppe Angelo Di Sandolo

Perle di Ospitalità

101 riflessioni su Lusso & Ospitalità

Introduzione

In questo libro di aforismi sul lusso e sull'ospitalità esploreremo, gli aspetti più profondi e complessi di questa tematica. Dai concetti di desiderio e ambizione, all'ossessione per il possesso di oggetti costosi e rari, fino alla percezione del valore e del significato del lusso nella società moderna. Attraverso citazioni e aforismi, scopriremo come il lusso sia stato visto e interpretato nel corso dei secoli, e come continua a influire sulla nostra cultura e sulla nostra vita quotidiana. Siamo pronti a immergerci in questo affascinante universo del lusso e scoprire tutti i suoi aspetti più intriganti e sorprendenti.

Intraprenderemo un viaggio attraverso l'essenza di ciò che significa davvero essere ospitali e lussuosi. Ho donato l'essenza dei miei vent'anni di esperienza nel settore del lusso, ho sintetizzato le mie riflessioni e le mie scoperte in centouno frasi potenti e significative. Dalle riflessioni sulla vera natura del lusso alle considerazioni su come esso influisce sulla nostra vita quotidiana, questo libro offre una prospettiva unica su un argomento spesso frainteso. Ti invito a unirti in questa esplorazione del lusso e scoprendo nuove prospettive su questo tema affascinante.

In queste frasi, spero di offrire una prospettiva nuova

e illuminante sull'ospitalità di lusso e su come essa può influire sulla tua vita.

Queste perle ti guideranno in un viaggio alla scoperta del vero significato del lusso e, forse, ti faranno riscoprire il valore delle cose semplici.

Questo libro è un invito a comprendere la complessità e la bellezza di questo concetto. Attraverso le riflessioni e le considerazioni contenute in queste frasi, spero di offrire una nuova visione di ciò che significa davvero essere lussuosi. Sono convinto che queste frasi possano ispirare e incoraggiare anche un singolo pensiero su come possiamo utilizzare il lusso per migliorare noi stessi. Ti invito, caro lettore, a unirti in questa esplorazione e scoprire nuove opportunità per raggiungere il massimo delle tue potenzialità.

Prefazione
di Sara Abdel Masih

Ogni azione che compiamo – dalle emozioni che proviamo all'interazione con gli altri, dal pensare all'osservazione del bello – è intrisa di lusso. Tornando indietro nel tempo, il lusso era spesso associato a una classe di potere e ricchezza, un'immagine poco affascinante e a tratti distorta. Ma con il passare degli anni, approfondendo sottili dinamiche come la linguistica, i valori e gli apprendimenti, abbiamo scoperto che la vera ricchezza risiede nella trasformazione di ciò che era materico in un'essenza più introspettiva. La cultura che oggi possiamo cogliere grazie agli apprendimenti ci ha permesso di allargare gli orizzonti, di coglierne l'essenza e percepirne la bellezza. Il lusso risiede nelle sfumature che narrano l'eccellenza, ed è così che amo definirlo.

È un concetto che si comprende appieno solo liberandosi da pregiudizi secolari che hanno rafforzato una visione meramente materiale del lusso.

Io stessa sono cresciuta con due genitori estremamente umili e semplici. Nella mia visione di vita, non ho mai aspirato a possedere più di quanto già avessi. Osservare mio padre lavorare con dedizione e sacrificio e mia madre impegnarsi in casa, con la TV accesa per imparare l'italiano, mi ha insegnato che il vero lusso non risiede nel possedere, ma nel valore del *sacrificio*, del *rispetto* e della *determinazione*. Questi valori, che ho appreso dai miei genitori, sono il lusso che oggi approfondisco, condivido e amplifico.

Oggi, rispondo con gratitudine all'invito del mio amico Giuseppe, che ringrazio dal profondo del cuore per avermi considerata una voce autentica nel definire il concetto di lusso. In questo libro di aforismi, si condensano frasi di grande significato e verità che ci accompagnano ogni giorno nella ricerca di quella bellezza che risiede principalmente nelle relazioni, con l'unico obiettivo di immergerci tutti nella stessa magnifica bellezza.

Gli anni trascorsi come direttrice d'albergo mi hanno insegnato che la chiave per raggiungere questa eccellenza è, e sarà sempre, alla portata di tutti. È triste constatare come alcuni ancora interpretino il lusso come un privilegio per pochi. Se desideri qualcosa ardentemente, lavori sodo, cadendo e rialzandoti, mantenendo sempre fermo il tuo obiettivo, ecco, questo è esattamente il percorso da seguire.

Giuseppe, attraverso questo libro, aspira a ispirare e stimolare una riflessione profonda, trovandomi pienamente allineata con ogni suo pensiero e credo. Ogni aforisma qui presente è soggetto a interpretazioni personali, poiché ognuno di noi è il risultato delle proprie esperienze di vita. Quindi, qual è il segreto nell'immergersi in questa lettura? Lasciarsi contaminare dal bello, cogliendo sempre l'intenzione positiva.

Approfondendo la logica comportamentale delle persone, comprendiamo che il cervello – il nostro hardware con i relativi software – è inseparabile dalle nostre esperienze. Più nutriamo il nostro cervello di bellezza umana, pensieri costruttivi e visioni esplorative, più ne riconfiguriamo la struttura e più apprezzeremo il lusso e la bellezza che ci circonda. Queste due parti esercitano una forte influenza reciproca. In sintesi, più assumiamo cibo sano per il nostro cervello, più otterremo risultati positivi dalle nostre azioni.

Uno degli aforismi che più mi ha colpito e che è diventato una lezione di vita è quello sulla felicità e il suo contagio. Rispondere a questo invito di Giuseppe è per me fonte di felicità, perché assecondo un suo grande desiderio: divulgare la bellezza umana, il vero lusso del nostro pianeta.

Ringraziamenti

Con immensa gratitudine, desidero rivolgere un sentito ringraziamento a Sara Abdel Masih per le straordinarie parole che ha condiviso nella prefazione. Le sue parole, intrise di profonda saggezza e sensibilità, non solo riflettono perfettamente lo spirito e l'intento di questo libro, ma illuminano anche il cammino che abbiamo di fronte. Ogni singola sfumatura delle sue riflessioni è stata recepita con profonda riconoscenza e apprezzamento, poiché non solo arricchiscono il contesto delle 101 riflessioni sul mondo del lusso e dell'ospitalità che andremo a esplorare, ma ci offrono una preziosa guida nell'interpretazione e nell'assimilazione di tali concetti.

Ora, con il bagaglio di saggezza e ispirazione offertoci, ci prepariamo a iniziare insieme questo straordinario viaggio attraverso le pagine di questo libro. Spero sinceramente che, alla fine di questo percorso, ci ritroveremo arricchiti da nuove visioni, consapevoli delle sfide e delle opportunità che il mondo del lusso e dell'ospitalità ci offre.

Attraverso le 101 frasi che ci accompagneranno lungo questo percorso, esploreremo i vari aspetti che caratterizzano questo affascinante settore, dalle sue tradizioni millenarie alle sue tendenze più innovative. Ci immergeremo nei principi fondamentali dell'ospitalità di lusso, esplorando la sua essenza con i suoi valori fondanti. Ogni frase sarà una finestra aperta su un mondo di esperienze straordinarie, dove il servizio impeccabile e l'eccellenza sono di casa.

Tuttavia, questo viaggio non sarà solo un'esplorazione del mondo esterno. Sarà anche un'opportunità per esplorare il nostro mondo interiore, per mettere in discussione le nostre convinzioni e per crescere sia personalmente che professionalmente, in un percorso di crescita e realizzazione.

E così, con il cuore pieno di gratitudine e la mente aperta all'apprendimento, diamo il via a questo straordinario viaggio attraverso il mondo del lusso e dell'ospitalità. Che sia un viaggio ricco di scoperte, di ispirazione e di trasformazione.

#1
Il lusso è l’arte di utilizzare il tempo per creare un’emozione indimenticabile.

#2

Per creare il lusso bisogna saper semplificare l'impossibile toccando il cuore delle persone.

#3
Il tempo è una delle poche cose che il lusso non può comprare, ecco perché va utilizzato per far vibrare le persone.

#4

Il lusso è l’arte di danzare con l’anima del tuo cliente.

#5

Il lusso ha una linea diretta con il cuore.

#6

Quando crei il lusso ricorda di far danzare i 5 sensi primari dell'essere umano con armonia. Creerai una vera magia.

#7

Dove c'è amore c'è possibilità di intravedere il lusso.

#8

Il lusso va rispettato e non utilizzato come se fosse una locandina pubblicitaria. Il lusso, quello vero, non vive di ostenti ma si nutre della gioia delle persone.

#9

Il lusso è strettamente soggettivo, alcuni vogliono la luna, altri vogliono il nulla.

#10
Il lusso è toccare l’anima con un gesto semplice.

#11
Il lusso è a un passo dall'essenza dell'essere.

#12
Colui che il lusso crea, tutto può.

#13
Chi conosce la vera essenza dell'essere umano, può realizzare il vero lusso.

#14
Il lusso è nella mente e nell'anima delle persone, non nelle cose che possiede.

#15
Il dilettante impiega un secondo per distruggere un sogno trasformandolo in un incubo.
Ad un professionista basta anche meno per creare una magia.

#16

Un professionista del lusso lavora per decenni cercando sempre di migliorare. Tutta questa dedizione gli permette, nel lungo periodo, di saper stupire i suoi clienti in pochissimi secondi.

#17
I veri ostenti del lusso li trovi
nell’essenza delle cose e delle persone.

#18
Se cerchi il lusso nei beni materiali non troverai mai la sua presenza.

#19
Per creare il lusso allena i tuoi 7 sensi.

1) Vista: vedi tutto ciò che accade nel tuo mondo.
2) Udito: senti sempre più lontano.
3) Tatto: maneggia con cura ciò che tocchi.
4) Gusto: assapora come se lo facessi per un figlio.
5) Olfatto: fatti trasportare nel viaggio che si crea.
6) Intuizione: per andare oltre le aspettative.
7) Consapevolezza: attiva i tuoi poteri con la consapevolezza di te e della tua evoluzione.

Così il successo sarà più che assicurato.

#20

I segreti per il lusso li trovi in ogni centimetro del tuo mondo.

#21
Il vero lusso lo incontri deliziando i 6+1 sensi dell'uomo.

#22

Il lusso lo trovi nelle persone che sanno coordinare pensieri, parole e azioni in maniera magistrale.

#23

Il lusso non è per tutti perché nella sua semplicità c'è un mondo di dettagli da conoscere e applicare.

#24
Come creare il lusso?
Prendi un prodotto o servizio e dagli un'anima gentile.

#25
Garbo, eleganza e gentilezza sono i custodi del lusso.

#26
Quando fai brillare gli occhi come quelli di un bambino gioioso, allora vuol dire che hai creato qualcosa di magico.

#27

Pratica, osservazione, passione, esperienza, consapevolezza. Unisci sapientemente questi elementi e il lusso sarà tuo alleato.

#28

Allena sempre corpo e mente. Ti aiuta a mantenere alto il tuo rendimento nel lungo periodo.

Un conto è rendere un servizio ottimale per un'ora. Un conto è farlo per dodici ore.

L'allenamento porta alla perfezione.

#29
Cura in maniera maniacale i dettagli e il lusso ti si paleserà.

#30

Le persone più ricche che abbia mai conosciuto non hanno mai ostentato la loro ricchezza.

#31
L'unico modo che mi viene in mente per spiegare il lusso è un tramonto stupendo visto dagli occhi di un bambino.

#32
L'unico limite del lusso è che non ci sono limiti per crearlo.

#33

Impara ad ascoltare in silenzio.
Impara ad ascoltare il silenzio.
Impara a rimanere in silenzio.
Nel silenzio si celano molti segreti del lusso.

#34
Se non rispetti e non ti prendi cura del tuo cliente, lui non si prenderà cura di te e non ti rispetterà mai.

#35

Spiegare il lusso è come spiegare l'amore. Se non hai mai provato quello vero, non potrai mai capirlo in tutta la sua essenza.

#36

Sorridi e contagia tutto il mondo intorno a te. La felicità è alla base del lusso e il sorriso è alla base della felicità.

#37

Il talento applicato al lusso è fonte di enormi soddisfazioni, sia per te che per i tuoi clienti.

#38
Con il lusso puoi essere immortale, quando l'anima di qualcuno saprai far vibrare.

#39

La perfezione nella mente crea l'eccellenza nell'esecuzione.

#40

La perfezione non esiste, non appartiene all'essere umano. Ma puntare alla perfezione ci permette di creare l'eccellenza.

#41
Nel lusso un principiante crea problemi ed emozioni negative.
Un professionista risolve i problemi con emozioni indelebili.

#42

Nel lusso, quando parli con un cliente fallo a modo suo e non a modo tuo.

#43

L’eccellenza crea pace e gioia interiore.

#44

Parla ai bambini come se parlassi a un adulto.

Parla a un adulto come se parlassi con un bambino.

#45

Se un cliente non capisce tutto ciò che dici è esclusivamente colpa tua.

#46

L'illusione della velocità sta nella preparazione, non nell'esecuzione.

#47

Una mente lussuosa è priva di pregiudizi e preconcetti.

#48
Calma e tranquillità nel lusso sono le controprove della tua esperienza.

#49

Trovo nel cubo di Rubik la sintesi
perfetta dell'ospitalità.
Per ogni problema c'è una soluzione,
se sai come fare è semplice,
la pratica ti migliora,
anche se sbagli puoi portare a termine il lavoro.
Bisogna lavorare un passo alla volta
in sinergia per raggiungere il risultato voluto.
Agli occhi di molti sembra impossibile,
per altri è facilissimo.

#50

Non c'è niente di più appagante del veder sprigionare un sorriso.

#51

Impara a vedere: a volte, anche l'oggetto che sembra più insignificante sa creare un momento magico e indimenticabile.

#52

L'eccellenza è figlia della perseveranza.

#53
Il bello del lusso è che non pone limiti alla fantasia.

#54

Nel lusso devi passare ore, giorni, mesi pensando a come non far pensare a nulla al tuo cliente nemmeno per un istante.

#55

Devi assolutamente essere centrato con il tuo essere per far centro con il tuo cliente.

#56

Quando comunichi con un cliente, accompagnalo dal punto A al punto B come se fosse un bambino... poi gioisci con lui.

#57

Rendi chiaro il tuo mondo e il cliente ti renderà chiaro il suo.
Così creerai una sinergia indelebile nel tempo.

#58

La felicità è racchiusa in attimi e spesso le persone li fanno trascorrere senza dare loro la giusta attenzione.

#59

Nel lusso non sovraccaricare il cervello con tanti input, creerai soltanto confusione.
Il cervello ha bisogno di cose semplici, chiare e comprensibili.

#60

Se un cliente maleducato riesce a portarti al suo livello, dovrai rassegnarti al fatto che avrà sempre ragione.

#61
La professionalità è la qualità che ti tira fuori dalle grandi difficoltà.

#62

La professionalità la crei imparando dagli input esterni ed elaborati per te stesso dall'interno per accrescere le tue capacità.

#63

La ricetta per il lusso è semplice: basta miscelare sapientemente un pizzico di tempo, una caraffa di emozioni e abbondante professionalità.

#64
Il lusso è il precursore del futuro.

#65

Come nella vita, anche nel lusso tutte le cose complicate sono formate da tante piccole cose semplici, eseguite in una determinata sequenza.

#66

Il lusso non lo puoi confinare, lo devi semplicemente ammirare.

#67
Quando un team di professionisti lavora in sinergia e con precisione, il lusso assume sembianze sublimi.

#68

Il lusso non è rappresentato da un costo alto di un oggetto o servizio, ma da un'infinità di dettagli che ne accrescono il valore.

#69

Chi guarda solo ai propri interessi non potrà mai capire il lusso.

#70

Se non sai ascoltare, mai il lusso potrai creare.

#71

Fin dove c'è arroganza e scadenza, non ci sarà mai il lusso.

#72

Gli eccessi nel lusso si chiamano: tempo, dettagli, emozioni.

#73
Se uno o più clienti non ti capiscono, l'errore è sempre nella tua comunicazione e mai nella loro comprensione.

#74

I partner e collaboratori ti rappresentano, impara a sceglierli con cura e devozione. Se non si sanno emozionare con te di certo non faranno emozionare il tuo cliente.

#75
Il lusso è passato dalla persecuzione, all'accettazione, dalla comprensione fino ad arrivare all'ostentazione.
La sua vera natura in realtà giace nel profondo dell'anima dell'essere umano.

#76

La realtà è che a nessun cliente importa di te. Che tu stia male o che tu abbia problemi non interessa, ed è giusto così. Ma fidati: se sai dare sempre il tuo massimo indipendentemente dai tuoi problemi, il cliente che riceverà un ottimo servizio si prenderà sicuramente cura di te.

#77

Saper servire è un'arte.
Sei un interprete che va in scena ogni giorno.
Sei sempre su un palcoscenico con i riflettori puntati.
Non dimenticarlo mai.

#78

Se farai un lavoro mediocre creerai rabbia.
Se farai un lavoro eccellente creerai gloria.

#79

Spesso non sarai al tuo 100% ed è proprio in quei giorni che capirai di che pasta sei fatto.

#80

Impara con umiltà.
Impegnati con forza.
Stupisci con amore.

L'essenza del lusso è tutta qui.

#81
Il lusso è appena oltre il desiderio di ogni persona.

#82
Nei momenti di crisi, è la mente che sa rimanere calma quella che può trovare le migliori soluzioni.

#83

Chi sa creare il vero lusso va messo sullo stesso livello degli artisti, perché quello che crea è un'opera d'arte, soprattutto perché emoziona le persone.

#84
Chiudi gli occhi e analizza cosa fa
vibrare la tua anima.
Poi apri gli occhi e trasformalo in realtà.

#85
Il lusso sei tu.

#86

Il tuo successo nel mondo del lusso è direttamente proporzionale alla somma di qualità applicata e cura dei particolari.

#87

Credo che la moda ad altissimi livelli e le sue creazioni siano catalogati come lusso per tutto il lavoro svolto su tantissimi particolari, che per la maggior parte delle persone sono insignificanti (o invisibili), mentre in realtà sono tutto.

#88
Nel lusso non è mai una questione di costo, ma di qualità e valore.

#89

Nell’ospitalità di lusso, emozioni e professionalità sono ciò che la rendono reale.

#90
Il lusso non ama la paura e premia le persone che con perseveranza curano ogni dettaglio.

#91

Sbloccare, spostare o abbattere i tuoi limiti ti avvicina al lusso.

#92
Guarda e pensa oltre l'infinito: è lì che troverai il lusso.

#93

Se tutti intorno a te sono agitati e tu riesci a gestire le cose con calma e razionalità, sarai in enorme vantaggio rispetto alla concorrenza.

#94

Il lusso è sempre calmo e pacato perché sa di essere unico.

#95
Le vie del lusso sono infinite.
Solo le piccole menti lo inseriscono in un contenitore.

#96

Trova il tuo modo di divertiti e tirare fuori il meglio di te nei momenti di crisi e difficoltà!
Ti permetterà di alleggerire la tua prestazione, restando sempre con il sorriso.

#97

L'energia delle persone è ciò che devi imparare a riconoscere e gestire per fare un lavoro eccezionale.

#98

Sii il creatore e sceneggiatore della tua opera ricordando che al lusso piace stupire con effetti speciali.

#99
Ama,
ridi,
sogna,
immagina,
crea,
emozionati.
E poi... ricomincia daccapo.

#100
Che cos'è per te il lusso?

#101

Tutto ciò che è vero lusso viene spinto oltre ogni limite, spostando questi limiti verso confini sconosciuti.

Conclusioni

Concludiamo con gratitudine questa esplorazione di *Perle di Ospitalità, 101 riflessioni su Lusso & Ospitalità*, un viaggio attraverso riflessioni che ci ha condotto al cuore di un concetto così intrigante e multiforme. Spero che queste brevi ma profonde parole abbiano aggiunto una nuova dimensione al tuo approccio nei confronti del lusso, invitandoti a riflettere sul suo significato sia in ambito lavorativo sia nella vita privata.

Il lusso, spesso associato a elementi materiali e opulenti, è in realtà una esperienza personale e un modo di vivere. Nelle diverse frasi, abbiamo toccato argomenti che spaziano dal comfort esclusivo agli aspetti più sottili dell'ospitalità di lusso. Ogni frase è stata plasmata per far emergere l'essenza del lusso e dell'ospitalità in contesti diversi, cercando di stimolare la tua percezione e di far emergere nuove riflessioni.

Inoltre, voglio sottolineare come questi aforismi siano strettamente connessi all'industria dell'ospitalità, un settore in cui il lusso si manifesta attraverso l'arte di accogliere e far sentire gli ospiti speciali. L'ospitalità di lusso è una forma di espressione che va oltre il mero servizio, creando esperienze indimenticabili e soddisfacendo desideri che possono sembrare impossibili.

In un mondo in cui il lusso e l'ospitalità si intrecciano, è fondamentale riconoscere il valore dell'eccellenza nel servizio e la capacità di creare un ambiente che vada oltre le aspettative. Spero che questo libro ti abbia ispirato a perseguire e apprezzare la bellezza, l'eleganza e l'ospitalità in ogni aspetto della vita.

Ogni racconto ha un capitolo segreto, un'appendice poetica che danza tra le righe per svelare emozioni più profonde e intime. Oggi, ho il piacere di condividere con te un bonus, un gioiello nascosto tra le pagine della nostra esperienza condivisa. In questa *Ode al lusso*, ho cercato di catturare l'essenza di ciò che le parole spesso faticano a esprimere.

Preparati a immergerti in un viaggio emotivo, in cui i versi si trasformano in riflessi dell'anima. Attraverso questa poesia bonus, spero di aggiungere un tocco personale alla nostra connessione letteraria, offrendoti un'esperienza poetica che completa il quadro della nostra avventura insieme.

Che questi versi siano un regalo, un'aggiunta speciale al nostro dialogo. Grazie per essere qui, per consentirmi di condividere con te non solo storie, ma anche una parte intima di me attraverso la poesia.

Ode al lusso

Il lusso non siamo noi,
non è un qualcosa che ci appartiene o che
rappresentiamo.
Il lusso è lusso ed esige rispetto.
Un po' come il mare, la montagna, il cielo.
Tutti questi mondi hanno una grande cosa in comune...
Il rispetto.
Ogni marinaio rispetta il proprio mare.
Ogni alpino rispetta la sua montagna.
Ogni aviatore rispetta il cielo.
Loro conoscono ogni segreto del proprio mondo da
tanti anni e generazioni
e sanno che ogni volta che si manca di rispetto al
proprio mondo si pagano le conseguenze.
Il lusso è come uno di questi mondi.
È calmo, paziente, gentile,
garbato, educato, sapiente,
elegante, compassionevole, altruista, eccellente!
Il lusso è un mondo e come tale va rispettato.
Vedo tante persone mancargli di rispetto, con bugie e
abusando del suo nome in maniera impropria.
Il lusso è silente e molto paziente,
o dai il tuo 110% o non sei niente.
Il lusso non è il Rolex o una bella Ferrari, non è una
villa enorme o la borsa introvabile di Hermès.

Il lusso è il mondo che ti circonda,
è ovunque in ogni centimetro del tuo mondo, in ogni battito del tuo cuore.
Il vero lusso non lo puoi comprare, ma lo puoi conoscere e assaporare se il giusto rispetto gli saprai portare.
Per alcuni il lusso è avere tutto e per altri è non avere niente.
La cosa che lo distingue è l'emozione che sa creare nella gente.
Il lusso, come ogni mondo, ha le sue regole e trucchi del mestiere, che solo i più sapienti e umili sanno contenere.
Il lusso è sacrificio, ma anche commozione,
se con gli occhi di un bambino guardi nel tuo cuore,
mentre il tuo cliente gioisce con amore.
Il lusso lo ritrovi ovunque tu voglia andare, ma solo quello vero gli occhi fa brillare.
Il lusso è tutto qui e non vuole nessun alloro,
perché il lusso vuole solo il bene delle persone.
Il lusso è tutto il mondo e tutto il mondo è lusso. Nulla di più semplice eppure così tanto complesso.
Sarà per questo che non è un mondo per tutti...
ricordando sempre che il lusso è lusso e non ci appartiene.
Una volta mi chiesero: "Quanto ci vuole per creare il Lusso?"
E io risposi: "A volte basta meno di un secondo".

Concludendo questo libro di 101 frasi sul lusso e ospitalità, mi rivolgo a te, caro lettore, con speranza nel cuore. Spero sinceramente che la tua esperienza di lettura sia stata piacevole e che queste pagine abbiano suscitato in te domande, riflessioni e magari persino qualche risposta.

Il lusso è un tema complesso ed ambivalente, capace di affascinare e provocare allo stesso tempo. Attraverso queste frasi, ho cercato di gettare uno sguardo critico sulla natura e sul significato del lusso e dell'ospitalità, spingendoti a esplorare le molteplici sfaccettature che lo circondano.

Il lusso può essere un simbolo di status e potere, ma può anche essere una forma di autenticità e di ricerca della bellezza. Può rappresentare una ricerca di piacere materiale o un'esperienza sensoriale unica, ma può anche portare ad una profonda riflessione sul significato della vita e dei nostri desideri.

Spero che queste parole abbiano stimolato la tua mente e che tu abbia trovato tra queste pagine una connessione personale con il concetto di lusso. Forse ti sei interrogato sulle tue motivazioni e sulle tue priorità, o forse hai scoperto nuove prospettive e idee da approfondire.

Il mio desiderio è che questo libro ti abbia aperto un varco verso una comprensione più profonda del lusso e ti abbia spinto a esplorare il tuo rapporto personale con esso. Che tu abbia abbracciato il lusso come una forma di piacere o che tu l'abbia contestato come un'illusione fugace, spero che queste pagine ti abbiano offerto un'opportunità di crescita e di scoperta.

Ringrazio sinceramente per avermi accompagnato in questo viaggio attraverso il lusso e spero che tu porti con te le domande e le riflessioni che queste parole hanno generato. Che tu continui a esplorare, a sognare e a cercare il lusso nella tua vita, in tutte le sue sfumature.

Auguro a te, caro lettore, un futuro ricco di esperienze significative e di profonde scoperte. Che il tuo cammino nel mondo del lusso sia intriso di autenticità e di gioia. Grazie per essere stato parte di questo viaggio.

Spero che continueremo a scrivere insieme nuovi orizzonti di pensiero e di lusso. La tua ricerca di amore e bellezza è la chiave per rendere il tuo viaggio personale ancor più straordinario.

Con affetto,
Giuseppe Angelo Di Sandolo.

Biografia

Sin da giovane, Giuseppe ha dimostrato una naturale propensione per l'ospitalità, un interesse che si è consolidato nel corso degli anni. Durante il periodo universitario, nel 2002, ha iniziato a lavorare in un prestigioso hotel a cinque stelle, dove ha avuto modo di immergersi nel mondo del lusso e dell'ospitalità. Quest'esperienza lo ha profondamente affascinato, ispirandolo a dedicarsi completamente a questo settore.

Dotato di un'innata capacità di fornire un servizio impeccabile, Giuseppe ha rapidamente ottenuto riconoscimenti internazionali per l'eccellenza del suo lavoro nell'industria alberghiera. La sua dedizione e competenza lo hanno portato a ideare e sviluppare un innovativo sistema gestionale, brevettato per la sua efficacia nel migliorare la comunicazione e l'efficienza tra i vari reparti dell'hotel, vincitore come migliore idea a livello internazionale by Hilton.

Dal 2013, con la sua Società One Luxury Day, Giuseppe ha ampliato il suo ambito di azione, offrendo servizi di alta qualità e creando esperienze memorabili per i propri clienti. Inoltre fornisce consulenze personalizzate e formazione nel mondo del lusso e dell'ospitalità. Le sue competenze e la sua esperienza sono diventate una risorsa preziosa per aziende e individui desiderosi di offrire un servizio d'eccellenza.

Nel 2020, Giuseppe ha ottenuto un altro importante traguardo diventando autore bestseller Amazon con il suo libro *Il Business del Lusso*, che ha condiviso le sue conoscenze e le sue esperienze nel settore.

Nel corso della sua carriera, Giuseppe ha condiviso la sua conoscenza attraverso la docenza in prestigiose istituzioni e l'organizzazione di workshop e seminari focalizzati sul lusso e sull'ospitalità. La sua passione per il settore lo ha portato a essere un punto di riferimento per coloro che cercano anche semplici consigli e orientamenti nel mondo del lusso.

Oltre ai suoi successi professionali, Giuseppe ha raggiunto importanti traguardi personali, tra cui essere il team manager di 2 Guinness World Record in Ferrari con Fabio Barone, oltre al conferimento di una laurea honoris causa per il suo contributo straordinario nel settore dell'ospitalità e del lusso. Questi riconoscimenti testimoniano l'eccezionalità del suo impegno e delle sue realizzazioni in questo campo.

Con un curriculum così ricco di esperienze e successi, Giuseppe continua a essere un leader e un innovatore nel mondo del lusso e dell'ospitalità.

Un ringraziamento particolare
alla mia famiglia.
Tutto ciò che riesco a realizzare
è grazie al vostro amore.

I miei contatti:

Mail: info@giuseppedisandolo.com
Sito: www.giuseppedisandolo.com
LinkedIn: giuseppedisandolo

www.ingramcontent.com/pod-product-compliance
Lightning Source LLC
LaVergne TN
LVHW010111170826
845678LV00012B/2348

* 9 7 9 1 2 2 1 0 6 5 4 1 1 *